바다는 늙지 않는다

정국대 제2시집

〈시인의 말〉

두 번째 시집을 내면서

　벌써 가을의 끝자락입니다. 긴 터널을 혼자서 걸어가고 있는 심정으로 하루하루 견디며 가을을 맞이하였습니다. 하늘은 눈물겹도록 푸르고 황금물결 이루던 들녘도 곧 침묵에 들겠지요.

　또 한 권의 시집을 내면서 부끄럽다는 생각을 합니다. 설익은 시어들을 끝내 침묵하지 못한 까닭이기도 하지만 저의 속마음이 들켜버린 민망함 때문입니다.

　병상에서 사투하면서도 컴퓨터에 서툰 나를 걱정하던 스테파노에게 이 책과 그리운 마음을 전합니다. 또한 시집을 내도록 도움을 주신 분들께 진심으로 감사를 드립니다.

2021년 11월 · 정국대

차례

◯ **시인의 말** … 3

◯ **제1부**
- 하늘을 보며 … 11
- 바다는 늙지 않는다 … 12
- 비오는 날 버스정류장에서 … 14
- 마지막 문자 … 16
- 뒷모습 … 18
- 동선動線 … 19
- 당신 앞에 서면 … 20
- 꿈에서라도 … 21
- 봄비 … 22
- 가을비 내리는 저녁 … 24
- 겨울바람 … 25
- 새벽노을 … 26
- 능소화 … 27
- 사진 액자 앞에서 … 28
- 사랑의 온도 … 30
- 겨울 하늘 … 31

제2부

- 그래도 … 35
- 내 인생의 배 … 36
- 군밤 장수 … 38
- 벽壁 … 39
- 사진 속의 손 … 40
- 이불장 … 41
- 산소 가는 길 … 42
- 친구에게 쓴 편지 … 44
- 재첩국 사이소 … 46
- 된장찌개 … 48
- 묵은지 … 50
- 틈 … 51
- 창가에서 … 52
- 조약돌 … 53
- 합천호반로 … 54
- 촛불 … 56

제3부

- 제비 … 59
- 갈매기 … 60
- 뻐꾸기 … 61
- 극락조 … 62
- 그때에는 … 64
- 모란 … 66
- 꽃필 날 기다리며 … 67
- 가시연꽃 … 68
- 꽃무릇 … 70
- 능수 벚꽃 … 71
- 바나나 … 72
- 주남저수지 코스모스 … 74
- 시월 장미 … 76
- 묵정밭 … 77
- 감꽃이 필 때면 … 78
- 낙엽 … 80
- 느티나무 잎 지다 … 82
- 단풍 … 83
- 느티나무와 의자 … 84
- 젖은 낙엽의 기도 … 86
- 선인장 꽃피다 … 88
- 상림숲 … 89
- 숲의 이야기 … 90

제4부

- 봄을 기다리며 … 95
- 입춘 … 96
- 봄소식 … 97
- 봄바람 … 98
- 잃어버린 봄 … 100
- 화분에 심은 봄 … 102
- 그래도 봄이다 … 103
- 땡볕과 무더위 … 104
- 안개 … 106
- 장마가 끝날 무렵 … 107
- 말복 … 108
- 팔월의 소묘 … 109
- 나의 가을은 … 110
- 가을 들녘 … 112
- 추석 … 113
- 건망증 … 114
- 겨울이 오는 소리 … 115
- 겨울의 문턱에서 … 116
- 섣달 그믐날 밤 … 117

◯ **제5부**
 ° 광안리 바닷가에서 … 121
 ° 수영성 곰솔나무 … 122
 ° 수영성 박견 … 123
 ° 수영성 푸조나무 … 124
 ° 인사하는 주먹 … 125
 ° 코로나 블루 … 126
 ° 빛과 그림자 … 128
 ° 상팔자 … 129
 ° 흙의 날에 … 130
 ° 톱의 노래 … 132
 ° 해운대 빛 축제장에서 … 133
 ° 공범 … 134
 ° 놀다 넘어진 아이처럼 … 135
 ° 바오로의 첫 복사 … 136
 ° 눈웃음 … 137
 ° 기적 … 138
 ° 핸드폰 울리는 소리 … 139
 ° 십자가 앞에서 … 140
 ° 피에타상 앞에서 … 141
 ° 성모님 앞의 촛불 … 142
 ° 사랑하올 어머니 … 143

◯ **발문: 즐겁고 기쁜 마음으로 / 차달숙** … 147

1부

바다는 늙지 않는다

하늘을 보며

두렵던 태풍 거짓말처럼 사라지고
무심코 바라본 하늘 푸르다

흰 구름조차 걷어내고
바람은 무심한 산 위에 올라 잠 들었다

말 없는 가을은 깊어가고
세상 알곡도 익어 가는데
내 가슴은 빈 벌판이다

맑은 하늘만 바라보아도
이별의 상처 가슴 저민다

끝없는 푸른 하늘
나를 토닥여 줄
님 있는 곳 어디쯤일까

바다는 늙지 않는다

바다는 밤새 품었던 해를
아침마다 붉게 토해 내며
억겁의 세월을 품고
반주 없이 뜨거운 노래를 부른다

하늘을 닮았으나
너무나 아득해 우수의 눈빛으로
언제나 소금기를 머금고
깊은 속울음을 고독 속에 묻는다

바다를 사랑하는
갈매기의 연서를
입맞춤으로 봉인한
수평선은 말이 없다

〉
세월만 낚아 올린
가난한 어부 김 씨 늙어 가는데
옛사랑을 기다리는
바다는 늙지 않는다

비오는 날 버스정류장에서

간발 차이로 버스를 놓치고
다음 차를 기다리는데
내 옆의 중년 여인
쓰고 있는 우산 말고
또 하나의 우산을 들고 있다

기다리는 사람이
남편일까 아들딸일까
도착한 버스에서 한 남자가 내리자
우산 속에 정답게 걸어간다

맞아,
나도 저런 때가 있었지
그들을 눈으로 쫓느라
타야 할 버스를 또 놓쳤다

〉
비오는 날 우산 챙겨
기다리고 싶은 그는
나를 두고
이미 하늘나라로 갔다

저 혼자 틔어 오르다
사라지는 빗방울처럼
자꾸만 스치는 그리운 얼굴
눈물을 빗물인양 돌아서서
하늘을 바라본다

마지막 문자

외딴섬에 혼자인 듯한 적막한 밤
통증은 지칠 줄 모르는데
밤은 머리맡에서 맴돌고
새벽 멀기만 합니다

핸드폰 가족 단톡방에
당신이 남긴 마지막 문자를 봅니다

"우리는 한 가족
모두 잘 살아와 주어서 고맙다
새로운 사랑과 희망을 전하며
사랑한다"

문자를 보낸 시간은
고열에 시달리다 잠시 열이 내린
하늘로 떠나기 이틀 전
자정 지날 무렵이었으니

〉
눈물로 활자는 흐려져도
핸드폰을 당신인 듯
가슴에 품어봅니다

뒷모습

외로움에 흔들리며
축 처진 어깨를 하고
앞서가는 남자의 뒷모습

불꽃으로 뜨거웠던 가슴속
어느새 해거름 햇살처럼
실바람에도 한기가 숨어든다

젊은 날 열정의 흔적마저
바람처럼 빠져 나가고
헐렁한 가슴속엔 빛바랜 추억뿐

처연한 긴 그림자
남 몰래 따라 걷다
고인 눈물에
더욱 흔들리는 뒷모습

동선動線

노을 지는 해변
모래사장을 걸으며
발자국을 남긴다
새겨지는 발자국 흔적 사라지기 전
누군가 내 발자국을 보며
어디로 무엇 하러 가는지 물어주면 좋겠다

얼마나 외로우면
끝도 없는 모래사장을 걷고 또 걷는지
출발점은 어디며 도착점은 어딘지
지쳐 더 나아갈 수 없을 때
내 움직임을 읽은 누군가의
따스한 가슴이 한없이 그리울 때
저만치서 웃으며
마주 오는 이는
바로 그리운 당신입니다

당신 앞에 서면

하늘공원에 있는
당신한테 가면서
절대로 오늘은 울지 않고
그간 잘 있었냐고
나도 잘 있었다고 말하고 싶었습니다

오는 길에 만발한 벚꽃
나만 보아 미안하다고도 말하고 싶었습니다

이런 저런
할 이야기 많기도 한데
막상 당신 앞에 서면
언제나 말이 없는 당신이 야속해
반가워 웃으려다
오늘도 그만 울고 말았습니다

꿈에서라도

먼 길을 떠날 때면
서로 아쉬워하며 인사 주고받지요

돌아오지 못할 먼 길 가면서도
당신은 아무 말 없이 내 곁을 떠났지요

보내는 내 마음만
산산이 부서지고 말았지요

오늘 밤 꿈에서라도
제대로 된 이별을 하고 싶어요

그런 이별이라도 붙잡고 산다면
사는 일 조금은 쉬울 테니까요

봄비

앞 산마루가
명주 실타래 같은 봄비에
소리 없이 젖는다
땅은 부지런히 봄비를 머금고
새싹 밀어 올리며
나무들도 시름을 달랜다

여기저기 얼룩으로 남은
잔설도 녹고
갯버들 단잠 깨우며
실개천도 소리 없이 흐른다
푸른 보리밭에 맺힌 영롱한 빗방울
밤새 못다 한 이야기로
그리움 피워낸다

〉
어느새 내 마음도
봄비에 젖어
고향집 담 모퉁이 서성이다
그리운 당신 찾아
무작정 길을 나선다

가을비 내리는 저녁

창밖 빗소리만 듣다가
당신 의자에 앉아 보지만
당신 체온 느낄 수 없습니다

불을 켰지만
빗소리만 크게 들리고
갑자기 천둥 번개가 칩니다

당신 등 뒤에
숨을 수가 없어서
주저앉아 울었습니다

천둥 번개보다
더 무서운 외로움입니다

내 맘 속에 쉬지 않고
가을비 속으로
외로움도 같이 쏟아지는 저녁입니다

겨울바람

잎 떨어진 나뭇가지 사이
찬바람이 소리 내며 지나간다

쓸쓸한 겨울이 바람 따라 오는
불면의 밤은 언제나 깊고 길다
쌓이고 쌓인 세월 저쪽 끝에
낯익은 얼굴들 바람에 흔들린다

사는 일이 늘 찬 바람 속 시린 손 같아
군불 지핀 아랫목이 그립다

적막한 겨울밤 가랑잎 소리
기러기 날갯짓 환청으로 들리는
외로움이 온통 소리 내는 밤

당신의 온기 없는 텅 빈 집
머물 곳 찾지 못해 길을 묻는다

새벽노을

긴 불면의 밤 끝자락
붉게 물든
새벽노을이 아름답다

저렇게 오기 위해
당신의 밤도 깊고
길었을 거라고
창문을 열며
당신인 듯 반긴다

능소화

한 여름 내내
날마다 피고 지며
그리움의 향기로 담을 넘는다

사랑하는 이를 그리며
꽃송이 송이 눈물처럼 떨구며
열 꽃 같은 불치의 속앓이

누구는 잊어도
누구는 못 잊는
그 끝없는 기다림
안타가운 내 사랑 닮았다

사진 액자 앞에서

초겨울 밤
찬비가 창문을 적시고
숨어 있던 그리움이 밀려온다

방안을 서성이다
둘이 찍은 사진 액자 속에서
웃고 있는 당신 모습

스친 세월의 흔적
고스란히 간직한 부부의 모습
서러워 얼른 액자를 돌린다

추억은 간직하고
흔적은 지우라 했던가
지울 수 없어 안타깝고 눈물겹다

〉
좀 더 함께 있었으면 했는데
먼저 간 당신이 야속해
마냥 울며 한밤을 지새운다

사랑의 온도

내 몸이 움츠린 것은
추운 날씨 때문만이 아니고
더 따뜻하게 보듬지 못한 빈 가슴이어서다

문득 사랑할 날 많지 않음을 알고
내 체온에도 미치지 못한 온도
부끄러워 어딘가 숨고 싶어서다

마음 알아주고 서로 나누는 함께라면
따스한 눈빛 뜨겁지 않아도
누군가에겐 작은 위로가 되기 때문이다

못 다한 사랑 품기에 너무 늦어버린
당신 없는 겨울이 저만치 다가오면
그래도 남은 체온으로 안아주기 위해서다

겨울 하늘

쨍, 하고
금이 갈 것 같은 높은 하늘
유리처럼 맑다

티끌 하나 숨을 수 없는 순수함
하염없이 바라보다 삼켜 버린 속울음
냉기 서린 허공에 번진다

나목 가지 끝에 매달린 추억
바람 따라 외로이 걸어가며
하늘공원 봉안당
당신의 사진을 닦는다

2부

바다는 늙지 않는다

그래도

'그래도'란 섬을 잇는 다리가 있어
늘 우리 관계가 좋아지고 이어진다
'그래도' 이전 상황에 분노하고
때론 단절하려다가도
'그래도' 그럴 수야 없지 하면서
이해와 포용으로 돌아선다
상한선은 언제나 '그래도'다

'그래도'는
너와 나
우리와 너희를 이어주는
없어서 안 될 사랑의 섬다리

내 인생의 배

흔히 사람들은
인생을 항해에 비유한다
내 인생의 배는
지금 마지막 항구로 항해 중이다

돌아보면
내 배는 튼튼하지도 못하고
파도 높이 폭풍우 몰아쳐
언제나 흔들리며 타고 왔다
멀리 반짝이는 별빛 따라
멈출 수도 돌아갈 수도 없는
오직 항해가 희망이었다

때로는 바닷물 보다
더 짠 눈물을 삼키며
성난 파도 앞에 숨죽이는
고단한 절망의 뱃길이었다

〉
그 뱃길 가운데
더러는 순풍도 만나고
별들의 속삭임도 있어
희망으로 언제나 깨어 있었다

당신이 기다리는
이제 곧 도착할 항구는 가까이 다가오고
닻을 내리기 전에
몸과 마음 정리할 때다

군밤 장수

남김없이 잎을 털어버린
은행나무 가로수 밑
인도 한 켠 냉기 서린 땅바닥
분주히 오가는 행인들 발걸음에
흩날리는 먼지 소복이 깔고
연탄 한 장 온기조차 밤에게 내어준 채
온전히 찬바람 맞는다

한 알 밤 정성스레 구우며
아들딸 꿈도 스스로의 인생도
구수하고 달작하게 익어가기를
소망하는 손길 바쁘다

겨울은 깊어 가는데
군밤 냄새 바람에 흩날리고
엷은 햇살 빈 나뭇가지에 걸려있다

벽壁

벽 앞에서
절망해 본 사람은 안다
얼마나 높고 견고한지를

벽을 넘나드는 새를 보며
부러워해 본 사람은 안다
날고 싶으나 날개가 없음을

먼 산머리 조각달도
벽을 바라만 보다
어디론가 숨어 버렸음을

벽에도 영혼이 있어
사랑하는 가슴 지녔다면
사랑 한 번 해보고 싶다

사진 속의 손

때로는 실물보다
사진 속 모습이 더 정확하다

손뼉 치느라 두 손 모은 순간
처음으로 혼자 찍은 사진을
제법 크게 확대하여 마주한다

주름진 마디 골 굵은 그대로의
내 손을 보는 순간
나도 모르게 두 손 뒤로 감추어 보지만
사진 속의 손은 그대로
세월의 흔적 지울 수가 없다

손이 먼저 늙는다는 옛말 실감하면서
많이도 고생시켰구나
두 손 쓰다듬으며
미안하다고
가만 속삭인다

이불장

이불장 문을 열 때마다
삐거덕거리며 소리 낸다
아프다는 비명 같기도 하고
유행 지난 낡은 이불이 지르는
애처로운 함성 같기도 하다

문을 열어보면
숱한 사연들이 고개를 든다

세월의 무게에 짓눌린
차마 버리지 못한 이불이
저마다 사연 안고 얌전히 개켜져 있다

깊은 속내 감추어두고
남은 세월 함께 하자고
가만히 쓰다듬어 본다

산소 가는 길

이맘때면
설레는 마음 걸음보다 앞서
어머니 계신 곳으로 간다

벼가 여물어가는 들녘 지나
산모퉁이 돌아가면 쑥부쟁이 꽃과
노랗게 익은 탱자 향기가 먼저 반긴다

어머니께 인사드리고
주위에 떨어진 도토리를 주우며
함께한 언니들과 어머니 얘기 끝이 없다

살아생전 저녁이면
문밖에서 기다리시던 어머니께
겨우 일 년에 한 번 다녀가는 막내딸 되어
왠지 자꾸만 마음이 아프다

〉
속으로 야속타 하시겠지만
어서 가라고 손 흔드실 것 같아
죄송한 마음 안고
어느새 한 뼘 줄어든 가을 햇살 속을
어머니와 함께 걷는다

친구에게 쓴 편지

한낮이 지나도록
초인종 한 번
전화벨 소리 한 번
울리지 않는 날
가까이 바라보이는
오후의 금련산 마루도
쓸쓸한 바람으로 뒤척인다

우두커니 전화기만 바라보다
옛 친구에게 편지를 쓴다

나처럼 늙어가며
가끔 내 생각 하는지
다 타버린 촛불처럼
지쳐버리지 않았는지
이런 저런 안부를 묻고
옛날에 그랬던 것처럼

잔잔한 강물에 비치는
붉은 노을 바라보며
말없이 강물 따라 걸어보자
그때 그랬던 것처럼
어깨를 나란히 하고
다리가 아프면 쉬어가자

친구야
그럼, 안녕

재첩국 사이소

이른 아침이면 언제나
아파트 앞에서 외치는 소리
"재첩국 사이소"

옛날과 달리
무거운 양동이 머리에 이고
내렸다 이었다 하지도 않고
작은 차에 싣고 다니며
마이크로 손님 부른다

냄비와 국자는 사라지고
비닐 봉투에 담겨진 걸
정한 값 치르고 받으면 거래가 끝난다
더 주고 더 달라는 실랑이 인심 사라졌어도
여전히 사라지지 않은 부산 아침 풍경이다

〉
생계를 책임진 아주머니와 아저씨
따뜻한 한 그릇 국을 위한 정성과 노력
새벽잠 재첩국에 저당 잡히고
아침을 깨우는 소리
"재첩국 사이소"

된장찌개

집집마다 저녁연기
아련히 피어오르는 겨울 저녁

저녁 준비 끝내시고
질화로 위 된장 뚝배기 올려놓고
아랫목에 싸고 싸 간수한 밥그릇 식을세라
연신 이불 다독이신다
골목길 들어서면
어머니의 된장찌개 냄새
발걸음도 빨라진다

막내딸 발자국 소리
어찌 그리 잘 알고 반기시던 어머니
김이 나는 밥그릇에
보글보글 화로 위 된장찌개
지금도
입안에 남아있는

칠십 년도 더 지난 어머니의 된장찌개

다시 그때로 돌아가
어머니 위해 된장찌개 끓이고
마주 보고 먹으며
도란도란 이야기로
긴 겨울밤 지새면 좋겠다

묵은지

배추가 여러 번 죽고서
항아리에서 보낸 세월 머금고
감칠 맛 깊은 맛내며 익어간다

세월의 깊이만큼
맛도 깊어져
이제는 갈비에게도
은근 슬쩍 앞자리 내어 주고
묵은지 갈비찜으로 불리길 마다 않는다

어떤 재료와도 어울려
새로운 맛을 내면서
푸욱 익을수록
깊은 맛을 내는 묵은지 같은
남은 인생 살아가야겠다

틈

문 틈 사이로 드는 바람에
촛불이 춤춘다

오랜 우정 사이
까닭 모르게 생긴 틈
살갑지 못한 눈길로
서로 어색하다

빗장 열고 바투 다가가도
더 넓어지며 마른 바람마저 들락거린다

풋풋했던 젊은 날 우정이
한 장 흑백 사진 속에서
전설로 웃고 있다

메우지 못한 틈 사이로
푸른 달빛이 들어와
아쉬움을 메워주고 있다

창가에서

지난 밤
소리 없이 봄비가 다녀가
땅 촉촉이 젖어 있고
부드러운 바람과 따스한 햇살
살가운 아침입니다

창가에서 바라본 앞산
나무들이 바쁘게 잎을 틔우느라
수런거리는 소리 들려오는 것 같고
새들의 지저귐도
날갯짓도 보이는 듯합니다

꽃 피고 잎 지고
비 오고 바람 불고
봄 여름 가을 겨울 계절이 오고 감도
창가에서 바라보는
소중한 세상입니다

조약돌

장안사 계곡물
느리게 빠르게 흘러가며
사랑한다 사랑한다
토닥이고 쓰다듬으며
속삭이는 소리에
모나고 못난 돌멩이
동그랗게 씻기고 닳아
예쁜 조약돌 되었네

호주머니에 넣어 와
화분 위에 두고 보다가
꽃물을 주면서
문득 떠오른 생각
조약돌도 그 계곡물 그리워하겠네

함천호반로

고즈넉한 합천호반로
백리 벚꽃길
멈춤 없이 달리는
동창회 날
봄날의 드라이버

흐드러진 벚꽃 되었다가
잔잔한 호수가 되기도 하면서
세월 잊고 옛날로 돌아가
국민학교 학생이 되었다

달리는 차창 저만치
보이는 복사꽃 한 그루

누구네 집이었을까
집을 호수에 묻고
어디에서 무엇을 하며

고향 생각 얼마나 간절할 지

사그랑주머니가 다 되어
지금도 생각나는
외로이 주인 기다리는
그날 진분홍 복사꽃 한 그루

촛불

얼마나 간절했으면
바람 앞에 흔들리며
눈물 흘릴까요

소망이 눈물 속에 녹아내려
스스로 애태우는 촛불
누구를 위한 기도인가요

살아가는 동안 괴로운 일 닥칠 때마다
어머니 눈물 녹아 있는 줄
이제야 깨닫고서는
촛불 켤 때마다 가슴이 미어집니다

3부

바다는 늙지 않는다

제비

남쪽나라에서 제비 찾아오면
봄도 어느 듯 익어가고
꽃들도 다투어 핀다

무언가 좋은 일이
생길 것 같은 설레는 마음
제비가 물고 온 봄날 선물이다

단정히 정장을 하고
윤기 흐르는 날렵한 몸매로
전깃줄에 앉아 꼬리 까딱이고
지지배배 노래하며
우리 일상을 위로하는 제비

떼 지어 날던 모습 사라지고
어쩌다 만나는 제비 모습
이집 저집 처마 밑에
집 짓던 그 시절이 그립다

갈매기

바닷가 모래사장
갈매기 발자국 어지럽다

바다는 비워 둔 채
어린아이들 손에 들린
새우깡 봉투에 저당 잡힌 삶

바람 불어 인적 없는 바닷가
가난한 갈매기들
옹기종기 모여 앉아
누구를 기다리나보다

뻐꾸기

봄이 한창인 오월이면
금련산 숲속에서
청아하고 애잔한
뻐꾸기 우는 소리
가슴 울린다

둥지가 없어 새끼조차
간수하지 못한 무정한 뻐꾸기
가슴속에 묻어 둔 슬픔
산그늘에 숨겨두고
이산 저산 울며 헤매고 다닌다

산다는 일이 슬픔 같아도
세월 고개 넘다보면
푸르른 여름 날
눈물겹던 뻐꾸기 울음소리
정답게 들릴 날 있으리

극락조

적도 파푸아뉴기니
태곳적 모습 그대로 간직한 숲속
화려한 극락조 수컷들
부단한 구애가 독특하다

화려한 깃털이며
멋진 꽁지로 무대 꾸미고
암컷을 유혹하는
감미로운 세레나데와 춤사위
펼치는 사랑꾼이다

사랑은 한 순간
아침이면
새로운 짝 찾느라 부산하다

사랑할 때 가장 빛나는 새
진화한 깃털이 아름다워

사람들에 의해 수난 당하고
이슬만 먹으며 하늘 날고
땅에는 내려오지 않는
아름답지만 다리 없는 슬픈 새
천상의 새가 되었다

그때에는

봄에는
찔레순 진달래꽃 삐삐로
심심한 입 달래고
아카시아 꽃 따 먹으며
가위 바위 보로 잎 따기
재미난 놀이였다

떫으면서도 달짝지근한
감꽃은 먹기도 하고
실에 꿰어 목걸이가 되었다

누가 보나 두리번거리다
몰래 따 먹은 목화밭 다래 맛
지금도 입안이 달달하다

추석 무렵
바람 불고 비가 온 뒤

밤나무 밑에서 주운
토실한 알밤 몇 알
작아도 적어도 만족하던 그때
나는 아무것도 부럽지 않았다

모란

모란이 피면 봄도 익어가고
남몰래 혼자 설레던 마음도
떨어지는 붉은 꽃잎처럼
서럽게 봄을 보낸다

여인네 치마폭처럼
풍성하고 화사하나
부귀영화가 부질없음인가
쉬이 떨어지는 꽃잎처럼
눈물 같은 그리움 피어난다

시집가서 잘 살기 바라시며
모란 꽃무늬 이불 정성 다해
장만해 주신 어머니 생각에
모란이 피는 봄마다
그리움도 피어나 가만히 불러본다

"어머니!"

꽃필 날 기다리며

몇 년째 꽃필 날 기다리며
이맘때면 하루에도 여러 번
꽃대가 올라오나 가슴 설레며
들여다보는 대명석곡
잎만 무성하고 꽃 소식이 없다

적당히 물도 주고 거름도 주며
이른 봄 향기 가득 풍기고 피어나면
사랑에 빠지리라 기다리는 마음
기다릴수록 봄은 멀기만 하다

내 마음 속에 피우고 싶은 꽃 같은 꿈
오늘은 나의 꽃 피우기 위해
봄처럼 따뜻한 님의 손길 그리워
마음만 야위어간다

가시연꽃

지난해 함안 연꽃 테마 파크에서
작은 연못에 소담스레
피어 있던 가시연꽃
올해도 보리라 때맞추어 걸음 했다

여기저기 찾아보아도
작년에 본 가시연 보이지 않고
가시연 본다며 부풀었던 동행
실망이 얼굴 가득하다

행여 한 송이라도 볼 수 있을까
여기저기 찾아보는데
두 손바닥만 한 가시연잎
부레옥잠 속 손톱만한 크기
초라한 연꽃을 만났다

〉
이 귀한 꽃이 어찌 수로에
겨우 자리 잡았는지
모르고 지나치면 존재조차 알 수 없는
가시연꽃 사연 들어보고 싶다

꽃무릇

닿을 수 없기에 애틋하고
애틋하기에 불꽃같은 사랑으로
마지막 사랑 불태우며
마주할 수 없는 서러움
선홍빛 꽃들로 피어났다

꽃은 잎이 그립고
잎은 꽃이 그리워
붉은 빛 그리움
불씨가 되어
선운사를 태우고
푸른 숲을 태운다

내 마음 속에도 애타는
그리움 하나 있어
새벽 찬 이슬로 달랜다

능수 벚꽃

휘어져 아름답고
미풍에 흔들려 더 아름다운
월성 계곡 능수 벚꽃 행렬
계곡 물소리 장단에
짧은 한 생의 황홀한 춤사위
나그네도 발길 멈추고
사뿐사뿐 춤추고 싶은 날
푸른 하늘은 비어 있어
더욱 고적한데
꽃이 진다고 서러워한들
이미 져 버린
내 마음 속 꽃만 하랴

바나나

바나나 사라고 외치는
아저씨 목소리 보다 먼저
향기가 발걸음 멈추게 한다

달디 달고 향기로우며
부드러우면서도
껍질 까기 쉽고
탐스럽기까지 한 바나나

매끈한 맵시에
이국 정취 물씬 풍기며
한 송이면 여럿 나눌 수 있어
넉넉하고 푸짐하다

요즘이야 수입을 많이 해
비싸지 않고 흔하디흔한
서민 과일 되었지만

이삼십 년 전엔
그림의 떡이었다

외항선 타던 대녀 남편이 준
노랗게 잘 익은 바나나 한 송이
환성 지르며 행복해 하던 아이들
그때가 새록새록 생각난다

주남저수지 코스모스

석양에 붉게 물든
주남저수지
붉게 물든 물결이
갈바람에 흔들린다

새드리길 한쪽에는
갈대가 흔들리고
한쪽에는 곱게 핀 코스모스
색색 파도로 일렁인다

갈대 속에 피어난
한 송이 붉은 코스모스
유난히 고은 모습이 눈물 겨워
혼자라도 외롭지 않도록
노을이 한참 머물다 간다

〉
가냘픈 몸매 고개 숙이고
바람에 흔들리는 코스모스
첫사랑 수줍은 소녀의 순정 같다

시월 장미

부산시민공원에서
시월도 저물어가는 어느 날
선물 같은 분홍 장미 한 송이
아쉬웠던 지난 사랑 같아
애틋한 마음에 발길 멈춘다

사랑은 언제나 서툴러
바라만보다
긴 한숨만 날려 보낸다

가을 깊어 찬 서리 내려
꽃잎이 주름진다 해도
그 모습 그대로
오래 자리하길 바란다

묵정밭

돌아올 요량은 없었다
멀리 사는 동안
한 번도 잊은 적 없는데
잊었다고 생각하며
살아온 건조한 나날
끝없는 그리움은 언제나 빈 가슴
하늘 향한 꿈이어도
한 순간 추락은 눈물겹다

출발점도
도착점도 잊고
길 위에서 서성이다
망초꽃 흐드러진
묵정밭 앞에
머무는 마음 두고
발길 챙겨
떠나는 나그네

감꽃이 필 때면

해 길어진 봄날
언덕 위 장부자 집
늙은 감나무 밑에
떨어진 감꽃이 반갑다

아카시아 꽃도 지고
찔레순도 세어져
입을 달래 주는 건
떫은 감꽃뿐이었다

실에 꿰어 목걸이 만들고
말려서 먹기도 했다

아파트에 있는 감나무 밑
떨어진 감꽃 땅에서 피어난 듯
옛 이야기 피어난다

〉
가끔 사는 게
감꽃처럼 떫을 때
그때 생각하며 마음 달랜다

낙엽

가을 햇살에 푸른 잎이
고운 단풍으로 물들 때
단풍 그대로 남아 있길 원했습니다

찬바람에 단풍이 제 모습 잃고
서걱거리는 소리 내며
한 잎 두 잎 떨어질 때
낙엽처럼 마냥 서러웠습니다

이른 봄이 아직 추위에 떨고 있을 때
낙엽 속에서 살포시 고개 내민
분홍색 노루귀를 보기 전까지
낙엽은 그냥 낙엽인 줄 알았습니다

아직 잔디 새눈이 트기도 전에
낙엽 속에서 겨우 얼굴을 내민
진보랏빛 앉은뱅이 꽃을 보기 전까지는

낙엽은 그냥 낙엽인 줄 알았습니다

눈부신 초록이 아니어도
누구나 곱다는 단풍 아니어도
낙엽은 낙엽인 채로
외로움에 지쳐 봄을 기다리는
수많은 풀꽃들의 따뜻한 품이었습니다

느티나무 잎 지다

늦가을 비 그치니
무수한 잎들이
다양한 색색 향연 마치고
떠나는 가을 따라
흐느끼듯 떨어져 내린다

여름 내내 풍성하고 무성했던 만큼
무리 지어 흩날리며 더 깊고 진하게
냉기 서린 허공에 이별이 서럽다
차가운 바람에 서로 부대끼며
헐벗은 꿈은 봄을 기다린다

아름다운 이별 뒤
만남을 꿈꾸며
잎 진자리 새 살 돋을 때까지
참고 기다리자고
앙상한 가지 쓰다듬어 본다

단풍

그토록 푸르렀던
여름날 산 나무들
어느새 가을 깊어
울긋불긋 자신만의 색으로
산을 물들인다

인생도 계절이 있어
봄과 여름에만 머물 수 없는 것
이 가을 내 삶은
어떤 색과 어떤 모습일까

나만의 색깔과 모습으로
곱게 물들이며
단풍처럼 떨어질 때를 알아
바람에 춤추며 떨어지는
한 잎 고운 단풍이고 싶다

느티나무와 의자

풍만한 여인네 치마폭처럼
수없이 많은 잎사귀 품고
때 만난 여름 한더위
식혀줄 시원한 나무 그늘

가파른 언덕
숨차게 올라온 사람들
나무 밑 의자에 몸 맡기며
이야기꽃을 피운다

나뭇잎처럼 이야기가 만발해도
귀 기울여 듣지만 침묵할 줄 알고
더위에 지친 이들에게
쉴 자리 내어준다

오늘도 내일도
언제나 그 자리에서 기다리는

느티나무와 의자 하나
변함없는 넉넉함에 사랑 배운다

젖은 낙엽의 기도

잎사귀 틔울 때
그 설렘 기억하게 하시고
봄의 속삭임 귀 기울이게 하소서

푸르고 청정했던 열정
오래 간직하게 하시고
여름이면
못다 한 사랑에 대한 매미의 울음
짧았던 한 생의 눈물이었음을
깨닫게 하소서

긴 장마와 폭풍 견디어 낸
결실의 기쁨
인간의 수고와 인내가 아닌
당신 손길임을 알게 하소서

〉
어느 소녀가 주워 온
빛 고운 단풍 아니어도
지난밤 차가운 빗속에 밤을 보낸
낙엽을 어여삐 여기시어
또다시 새 잎사귀와
꽃으로 피어나게 허락 하소서

선인장 꽃피다

멀고 먼 사막이 고향인 선인장
작은 화분에 심어진 채
겨우 내내 추위에 떨다가
봄이 와도 필까 말까 망설이더니
드디어 꽃망울 열었다

온몸 가시 속에
저리도 고운 꽃잎 품었을 줄
아, 놀라워라
아침 햇살 속에 벙그는 환희의 몸짓
이미 하느님께서 마련하신 일이었다

상림숲

천년도 더 지난 숲
상림 숲길은
계절이 바뀌어도 변함없이
아름다운 경관 자랑한다

꽃보다 아름다운 신록과
시원한 바람 피서객 부르고
낙엽 내음에 취한 가을 나그네
숲길에서 고독을 삼킨다

모든 것이 낯설어 외롭던 시절
자주 걷던 숲길
다시 찾은 어느 해 겨울 새벽
남편과 같이 걸었던
고즈넉이 눈 쌓인 상림 숲길
잊지 못한다
영원히

숲의 이야기

따스한 봄빛으로
수줍게 잎을 내밀던 숲이
어느새
농염한 여인처럼 푸르게 짙어간다

키 큰 나뭇잎에 가려져
꽃을 못 피울까
작은 꽃부터 차례로 피더니
하얀 아카시아, 보라색 등꽃이
흐드러지게 피어난다

잦은 빗물이 스며든 숲속엔
온갖 풀과 나무들이 춤추고
새들은 짝 찾느라
하루해 짧기만 하다

〉
서로 배려하며
햇볕도 바람도 욕심내지 않고
질서와 조화 이루는 숲은
따뜻한 가슴 나누어 가진다

가끔 강풍이 몰아쳐 흔들어도
서로 기대며 어려움 이겨내는
숲의 정다운 이야기 소리 들으러
숲으로 간다

4부

바다는 늙지 않는다

봄을 기다리며

연탄난로 위
커다란 양은 주전자
시름없이 찻물이 끓고 있는
허름한 바닷가 찻집

권태가 안개처럼 피어오르고
찻집 아주머니 짙은 눈썹 문신
봄이 오다 고개 돌릴까
실없는 걱정에 바다만 바라본다

바다 위 배들이
한가롭게 봄 마중 가고
갈매기도 봄이 오나 기웃거린다

기다리는 봄이 오기도 전에
바닷가 해는 저무는 데
그대 지금 어디쯤 오고 있는가

입춘

춥다 춥다 하는 사이
어느 듯 봄 기척을 알리는
입춘이 다가와
아직 남은 겨울이
잔기침 하는데도
창문에 비치는 햇살 살가워지고
바람도 부드럽다

겨울바람에 떠돌다
길 잃은 사랑이
겨울과 봄 사이를 헤매고
수많은 생명들이
눈뜰 준비에 날 더디 새며
수런거리며 봄이 오는 소리
귓가에 들리는 듯해도
봄은 아직 달력 속에 갇혀 있다

봄소식

이른 봄 날
초인종 소리에 문을 여니
부지런한 욱이 엄마
해쑥 든 비닐봉지 내민다

내친 김에 쑥국 끓였더니
온 집안이 쑥 향기
봄 냄새로 가득하다

그녀가 전해 준 비닐봉지는
따뜻한 마음 들어 있는
고맙고도 반가운
봄소식이다

봄바람

봄바람은
삭막했던 긴 겨울
산허리를 돌아
마른 풀잎 쓰다듬고
실버들 가지 흔들며
풀꽃들을 깨운다

봄바람은
실개천을 돌고
물오른 가지마다 잎이 돋아나고
메마른 내 가슴도 흔들어 깨운다

오랜 침묵의 여정 지나
언제나 그리워 서성이던
복사꽃 수줍게 피던
남정강변 과수원

〉
이제는 모두 사라지고
봄바람 따라 강물만
소리 없이 흐르고
내 마음도 따라 흐른다

잃어버린 봄

겨울 내내 기온이 높아
봄이 빨리 오리라는 소문

소문 보다 더 빨리 온
날개 없는 바이러스가
휘젓고 다니며 몸살 앓는다

얼굴도 마음도 마스크에 가두고
지난날 평범한 일상이
먼 그리움 되어
안개처럼 스멀거린다

수많은 영웅들의
방호복 속 땀과 땀
훈장처럼 빛난다

〉
꽃망울 터지는 소리
여기저기 들려오지만
마스크 속에 갇힌 봄
활기 잃고 휘청거린다

화분에 심은 봄

지난 늦가을
튤립 뿌리 몇 개
화분에 심었다

그 날 이후
내 마음 작은 희망이 되어
들고 나며 눈길 주면서
겨울 추위 함께 했다

죽은 듯 어두운 화분 속에서
생명을 부여잡고 봄을 기다리는 튤립
내 가슴 깊숙이 남몰래 심은 봄이다

화분에도
내 마음에도
꽃 필 날 기다리는데
봄은 아직도 멀다

그래도 봄이다

코로나19로
안과 밖을 가리고도
가까운 듯 먼 거리 두기로
팍팍하고 메마른 마음 균열이 생기고
삶의 온기 찾아 나선 길목에는
쓰다 버린 마스크가 누워있다

바이러스가 훔쳐간 봄
두렵고 우울한 나날
그래도 햇살은 맑고 환하다
바람은 조팝나무 꽃향기 실어 나르고
라일락 꽃색 여전하다

어제의 일상
추억이 되었지만
그래도 봄이다

땡볕과 무더위

위세가 드세다

대장간 풀무질로
달구어진 화로처럼
열기 뿜어내고
바람도 마실 간 듯
나뭇잎 하나 까딱하지 않는다

소나기 한 줄기 그리워
바라본 하늘엔 눈부신 태양뿐
어디에도 비구름 보이지 않는다

얇은 한 겹 양산으로
가릴 수 없는 하늘 아래
세상은 온통 시든 나뭇잎

〉
계속되는 열대야
식을 줄 모르는 무더위는
흐느적거리며 밤을 거닌다

고향집 우물에서
막 길어 올린 시원한 두레박으로
등목 하며 더위 식히던
옛날이 그립다

안개

이른 새벽
어둠이 서서히 물러가야 할 시간
짙은 안개 고속도로를 휘감는다

깊은 침묵 속에
참으로 길게 느껴지는 시간
자동차 안 긴장감이 스멀거린다

그러기를 한참 지나
햇살은 안개를 물리치고
환한 길을 연다

가슴 가득 밀려오던 걱정
어느 듯 안개가 걷히고
환히 뚫린 앞길 달리고 달린다

수도원을 향하여

장마가 끝날 무렵

하루하루 눅눅하게 쌓여가고
끝날 것 같지 않던 지루한 장마도
때가 되면 끝이 나고 맑은 날 온다
돌아보면 살아온 내 인생도
한때 장마와 같아
피할 수 없는 일인데도 피하려고
얼마나 애태우며 힘들어 했든가
날씨처럼 궂었다 좋았다
그렇게 반복하며 흘러가는 것을
장마도 이제는 끝날 무렵
시작이 있으면 끝이 있기에
우는 일은 남은 장마에게 맡기고
이제는 아름다운 마무리 위해
마음 다스려야겠다

말복

말복이 지나면서
주고 간 선물인가
아침저녁 선들 바람 반갑다

고추잠자리 낮게 날고
마음 급한 매미
목 쉰 채 울어댄다

벼가 자라는 모습에
달밤 개들이 놀라 짖어대고
노란 달맞이꽃 수줍게 피어난다

말복이 지난 길 따라
소리 없이 오는 가을
부지런한 귀뚜라미 울면서 반긴다

팔월의 소묘

팔월 반 이상을 장마로 흘려보내고
이제 숨 막힐 더위 채워질 날들
더위 속에서도 소낙비 같은 사랑 기다린다

사랑은 기쁨 아니면 슬픔
기쁨 뒤에 슬픔이 올지
슬픔 뒤에 기쁨이 올지
이래도 저래도 살아내어야 할 인생

구월이 오면
네 사랑
내 사랑에
가을 물들기만을 소망한다

나의 가을은

어느 가을이
수고 없이 꽃피고
열매 맺고 영글어
곳간 채우고 마음 담겠습니까

누구나 흡족하지 않아도
나름대로 수고하고
더러 어려울 때 마음 추스르며
가을맞이하겠지요

하늘 뜻대로
자연의 순리 힘입어
인생 가을이
온 몸 에워쌉니다

낙엽 진자리마다 묻어 있는
그림자 속 희망을

해종일 까닭 없이 기다려지는
사랑의 속삭임
속으로 속으로
간직합니다

가을 들녘

차창으로 보이는 황금 들녘
보기만 해도 넉넉하고 배부르다
내 땅이라고는 한 뼘도 없어도
이렇게 마음이 여유로운 건
가을 들녘이 주는 선물이다

가물어도 걱정
태풍 불어와도 걱정
이런저런 걱정 무던히 견뎌내고
거두어들일 일만 남은 들녘
농부들 수고가 노랗게 빛난다

알곡 거두어들인 들녘에서
사랑과 배려도 한 아름 안고와
찬바람 불어올 때
아랫목에 따뜻하게 풀어 놓고
모두가 사랑 가득한
따뜻한 겨울이기를 소망한다

추석

빛 고운 가을 햇살에
곡식과 과일들 탐스럽게 익어가고
그리움도 영글어 달처럼 가득하다

설렘으로 기다리던 어린 날 추석
성묘 후 둘러 앉아 먹던 맛있는 음식
막내라고 꺾어 주신 붉은 감나무 가지
홍시 되기를 기다리던 지루한 나날

추석 다음 날 고향
많은 여자들이 걷던 개비리 길
산언덕 휘감고 흐르던 강줄기며
여기저기 핀 들국화 향기

추억은 홍시처럼 가슴에 물들고
지우면 되살아나는
빛바랜 한 장 사진 위로
푸른 달빛 눈부시게 쏟아져 내린다

건망증

유난히 뜨거웠던 여름
저마다 한 마디씩
겨울 와도 춥다 소리 안 한다더니

이 일을 어쩝니까

찬바람 불고
하루 다르게 떨어지는 기온
다시 저마다 춥다는 소리
입 밖으로 내고 말았습니다

겨울이 오는 소리

잠든 사이
낙엽 구르는 소리에
깨어난 선잠

휘영청 높게 뜬 시린 보름달
어디까지 왔냐고 묻지 않아도
너도 나 같아서
담 밖 서성이는 겨울 쫓아내지 못하고
맞이하는 이 마음

찬바람 든 옛집 할머니
밤마다 멈추지 않는 기침 소리
올해도 어김없이 도진 해소병
겨울 길목 차갑고 고요하다

겨울의 문턱에서

노란 은행잎 닮은 아침 햇살이
좁은 마루 반가운 손님처럼 찾아오면
어김없이 겨울로 접어든다

가기 싫다고 버티지도 않으며
오기 싫다고 투정도 하지 않는
결실의 가을과 침묵의 겨울 사이

겨우살이 준비로 하루해 저물면
가을 풍경과는 또 다른 고요와
갈무리 시간을 맞이한다

햇살이 하루 다르게 엷어지고
찬바람 함께 겨울이 오면
온기가 그리운 집 향한 발걸음 빨라지고
가족 끼리 정도 쌓여
지친 일상 포근히 감싸준다

섣달 그믐날 밤

설빔이래야
코고무신 한 켤레
머리맡에 두었다 신어보고
품에 안고 꾸벅 졸다 지쳐
꿈속을 헤맨다

찬바람에 문풍지 울다 지치고
꺼질 듯 춤추는 등잔불 아래
설날의 꿈 연줄에 매달려
푸르고 시린 하늘가 맴돈다

지금에야
대낮 같이 밝은 그믐날 밤
메마른 바람이 창문을 흔들고
날마다 세밑 같이 깊은 밤
외로움만 더해간다

5부

바다는 늙지 않는다

광안리 바닷가에서

이른 새벽
광안리 바닷가
해 뜨기 기다리며
어깨 기대어 앉아 있는
젊은 남녀

아침 바다 물들이며
장엄하게 해가 솟는다
탄성을 지르며 굳게 잡은 두 손
그들이 잡은 건
두 손이 아니라
부푼 희망이리라

수영성 곰솔나무

흔하다고
예사로 볼 나무 아니지요

나무에 신령 들어 있다 믿으며
임진왜란 전장에 나서는 군졸들
무사 안녕 간절히 빌고 빌었지요

수많은 국난과 풍상에도
지금도 그 자리 의연하게
사백년 지나도 그 기상 변함없지요

누가 수영성 곰솔나무 묻거든
솔향기 멀리 멀리 풍기면서
오늘도 내일도 영원히
수영을 사랑하며 사랑받고 있다고
가만히 속삭여 주세요

수영성 박견

수영사적공원
마스코트 박견 있다
수영성 남문 양쪽 마주 보며
왜적 감시하고 성문 지키던 신령한 짐승

오랜 세월 비바람에 닳고 닳아
옛날 기상 찾을 수는 없어도
온화하고 정다운 모습으로
성을 드나드는 많은 사람
맞이하고 보내며 자리 지킨다

바람 불어 쓸쓸한 날이면
박견 만나러 수영성에 간다

수영성 푸조나무

부부는 일심동체라고
오백년 세월 변함없이
참 사랑 몸소 보여 주는 나무

수많은 가지며 잎사귀
지키고 키우느라
정작 허리 한 번 바로
펴보지 못한 노부부 나무

제 한 몸 건사하기도 힘든 세상
나무에서 떨어지는 아이 다치지 않도록
오랜 세월 언제나
안아주며 지켜준 그 사랑

마을 안녕을 지키는 당산목
오백년 거뜬히 지켜냈으니
천년인들 변함 있으랴

인사하는 주먹

오랜만에 만난 지인
반가운 마음에 손 내밀었더니
웃으며 주먹 내민다
아차! 깜박했네

주먹과 주먹이
정답게 인사 하고
따뜻한 마음 오고 간다

주먹은 치고 박고가 아니라
마음과 사랑 주고받는
새로운 역할 담당하려고
다시 태어난 아름다운 주먹

코로나 블루

처음 얼마간은
곧 일상으로 돌아가리란 기대로
미루어 둔 책도 읽고
집안 구석구석 청소며
화분 손질도 하고
불안한 마음 달랬다

답답한 가운데에도
벚꽃은 저 혼자 피었다 지고
산들도 푸르게 치장하기 바쁘다

어느새 코로나 블루
내게도 길고 무겁게 스며들어
이상 저온 현상에 겹쳐
우울한 나날 속 헤매고 있다

〉
코로나19는
자연이 인간에게 주는 경고장
준엄한 소리 나 또한 피할 수 없는
죄인처럼 주눅 들어도
블루엔딩 그 다음엔
희망꽃 피기를

빛과 그림자

청정한 봄날 저녁
보름달 휘영청
산마루 걸렸다

아파트 마당
한 그루 느티나무
봄바람에 부대끼는 가지
무심한 그림자로 흔들린다

그림자는
빛의 아픈 사랑 흔적이다가
동반자가 되기도 한다

가지 위에 부서지는 달빛
가난한 소망이 흔들리며
빛과 그림자 함께
새벽을 기다린다

상팔자

차양막에 방석까지
멋지게 개조한 유모차에
옷이며 신발까지
한껏 멋 낸 견공 태우고
자랑스레 밀고 가는 아가씨
견공 자가용 기사다

개 팔자 상팔자란
옛말
하나도 그른 말 아니다

흙의 날에

산 넘어 불어오는 바람
살갑고 부드럽다
봄 냄새에
산과 들 모든 흙들
생명을 피우기 위해 부지런하다

천년 푸르게
흙속에 뿌리 내린 소나무
여리디 여린 보리 햇순과
수많은 생물들이
흙의 품에 보살핌 받으며
맑은 공기와 무수한 먹거리 내어준다

흙은 만물의 어머니
한 마디 불평 없이
모든 것을 받아들이고
새로운 생명 품어낸다

〉
누구나 흙에서 왔다가
흙으로 돌아가는 사람들
오늘 삼동三冬을 견디며
푸르름 간직한
청보리 밭을 걸으며
흙의 겸손과 사랑 배운다

톱의 노래

갈대는 숨죽이고
물새도 헤엄을 멈춘
푸른 달빛 저 혼자 외로운 밤
울음 섞어 끊어질 듯 이어지는
톱의 노래
주남저수지 물결이 살풀이춤 춘다

거친 세상 톱에 실어
풀어내는 한 남자의 슬픔과 기쁨
사랑과 기다림

저수지에 철새가 떠나가도
언제나 보름날 밤이면
사랑 노래 하늘가 맴돌고
차향은
산을 넘는다

해운대 빛 축제장에서

밤하늘 별빛
사라진지 오래인데
해운대 광장 근처
여기 저기 내려앉은
별들이 아름답다

오색영롱한 불빛 거리
혼자서 걸어간다
어디선가 사랑이
어깨 스칠 것 같아
가슴 설레는 마음 들킬세라

얼른
별도 없는
밤하늘만 올려다본다

공범

외출하고 돌아오는 길
비닐 포장된 상추랑 깻잎 콩나물
고등어 한 마리를 사고서
한사코 마다해도 비린내 난다고
비닐봉지 넣고 또 넣는다

마트 들러 우유와 세제를 사서
가지고 다니는 에코 가방에 넣고
집에 오는 길가 여기저기
플라스틱 커피잔과 음료수 빈병
셀 수가 없다

엄청난 생활쓰레기
재활용 처리 비용 걱정으로
하나뿐인 지구 살리자 하면서도
어쩔 수 없이 반복하고 만다

나도 공범이다

놀다 넘어진 아이처럼

밖에서 친구와 놀다 넘어져
무릎에 피가 조금 난 아이
서럽게 울면서 제일 먼저
엄마 품을 찾지 않던가요

밖에서 힘들었던 하루 봉헌하고
내일을 맡겨 드릴
어머니 성모님이 계시니
우리 얼마나 마음 든든한지요

바오로의 첫 복사

오후 두 시 부터
저녁 미사 첫 복사 서기 위해
성당 마당에서 기다리고 있다는
날개 없는 천사 바오로를 만났습니다

조배 시간 내내
성체 앞에서 얼굴 들지 못한
부끄러운 내 신앙생활
오십 년 돌아봅니다

눈웃음

눈으로 주고받는 평화의 인사
"평화를 빕니다"
짧은 인사 속에
걱정하고 사랑하는 마음
가득 담아
축복과 평화를 비는 진심
눈이 가만 웃고 있네요

기적

날마다 아침이면
오늘은 좋은 일 있을까
특별한 일 없을까 했는데
두리번거리던 날들이
얼마나 허황되고
부끄러운 일이었는지를

코로나19가 끝나기를 기다리는 지금
지난날 평범한 일상이
바로 기적이었음을 알고 나니
다시 부끄러울 뿐이다

핸드폰 울리는 소리

모두 조용한 미사 시간
신자석 어디선가에서
울리는 전화벨 소리
못마땅해 하며
소리 나는 쪽 바라보며
얼굴 찡그렸지요

핸드폰을 찾느라
가방 여기저기 뒤적이며
당황해 붉어진 얼굴을 보고서
만일 내 핸드폰이 울렸다면 어찌했을까
그 민망함 이해하고
미사에만 집중해야지 다짐합니다

십자가 앞에서

이른 새벽 십자가의 예수님
따뜻한 눈길 온 몸을 감싸고
그 눈길에 용기를 내어
투정 부려봅니다

스테파노를 조금만 더
제 곁에 두시지
왜 데려갔느냐고

말없이 내려다보시는
십자가 고통의 예수님
나보다 더 마음 아파하시며
침묵하시는 예수님
차마 바로 보지 못하고
묵주를 손에 들고
친구親口합니다

피에타상 앞에서

하늘공원 봉안당에 들어서며
피에타 상을 만나도
처음엔 내 슬픔에만 잠겨
건성으로 인사만 하고 지나쳤지요

미사를 드리고
다시 피에타 상 앞에서
촛불 봉헌한 그때
아,
당신도 돌아가신 아들 예수님
안고 계신 어머니셨군요

'너희 슬픔 나도 겪었단다
하느님께 맡겨드려라
그리고 힘을 내거라' 하시는 것 같아
당신 앞에서 아무 말씀 못 드리고
속울음 삼킵니다

성모상 앞의 촛불

성모님 앞 색색의 촛불
하나하나에 담긴 간절함
기도로 피어나고

기도 속에 담긴 간절함
촛불로 흔들리며
예수님께 고이 전하려
바쁘신 성모님

오늘도 세 자녀의
가정을 위하여
작은 촛불 밝히며
오롯이 제 마음
당신께 드립니다

∞ **성모님께 드리는 편지** ∞

사랑하올 어머니

사랑하올 어머니!

봄볕이 따사로운 아름다운 오월 성모님의 밤에 사랑과 감사와 찬미를 드리며 가만히 어머니를 불러봅니다. 어머니 이름을 부르는 것만으로도 은혜로 마음이 충만해지며 당신이 제 곁에 계심을 온 몸으로 느낍니다.

저희보다 저희를 더 잘 아시는 어머니!

어머니에게 무엇 하나 드리는 것 없이 언제나 청하기만 하는 외롭고 가난한 나그네인 저희들입니다. 밖에서 놀다 넘어진 아이가 울며 엄마 품에 안기듯 오늘밤 저희도 어머니 치맛자락에 숨어 드오니 저희를 내치지 마시고 받아 주소서.

어머니, 뜻밖에 닥친 코로나19는 온 세계와 교회에 큰 충격이었습니다. 미사가 중단되는 초유의 사건은 성당 문을 잠그게 했고, 성모님은 오가는 신자들이 없는 텅 빈 마당에서 홀로 외로이 눈물과 한숨으로 보내셔야 했습니다. 어머니를 생각하면 저희의 가슴도 무너져 내립니다.

아직도 끝나지 않은 코로나19로 인하여 겨우 재개된 미사도 마스크를 쓴 채 떨어져 앉아 있습니다. 큰소리로 "알렐루야" 부활의 기쁨도 나누지 못하고 침묵의 미사를 드립니다. 오늘밤에도 "아베마리아" 소리 내어 당신을 부르지 못하는 안타까운 마음도 어머니께 바칩니다.

우리나라는 이제 안정을 찾아 가고 있으나 세계 여러 나라에서는 아직도 진정 될 기미가 보이지 않은 채 연일 두려운 소식만 들여오고 있습니다. 우리는 하루 빨리 코로나19가 끝나 익숙한 일상으로 돌아가기를 바라며 미사에 참례하고 교우들과 이야기를 나누며 그저 그런 평범한 일상이 얼마나 큰 행복이었는지 지난날들을 그리워합니다.

믿음과 순종이 부족하고 하느님 창조 질서를 거스르며 편안함과 이기적인 생각과 행동들이 오늘 이와 같은 불행을 자초하였음을 깨닫게 하소서.

앞으로는 삶의 속도를 조금 늦추고 하느님 창조 질서를 잘 지키며 불편해도 세상은 여전히 사랑하고 살만한 곳으로 가꾸면서 서로 다독이며 살아가는 아름다운 동행이 되도록 모두의 마음 하나가

되게 이끌어 주소서.

원죄 없이 잉태되신 동정 마리아여!

오늘 성모님의 밤에 특별히 청하오니 하루 빨리 이 땅에서 코로나19가 끝나게 하시고, 고통과 불안에 시달리는 모든 이를 어머니께 맡기오니 당신의 자애로 감싸 안아 주소서.

목숨을 잃은 많은 이들의 안식과 코로나19 극복을 위해 애쓰는 많은 이들도 당신 사랑으로 보살펴 주소서. 아멘

- 2020년 5월 12일, 성모님의 밤에 -

∞ **발문** ∞

즐겁고 기쁜 마음으로

차 달 숙
(시인. 월간 《국보문학》 주간)

 정국대 작가는 1944년 경남 합천 출생으로 시인, 수필가로 등단하여 부산문인협회, 시가익는마을 회원이다. 부산 수영구문인회 부회장을 역임하고 상임이사를 맡고 있으며, 부산문학인아카데미협회 회원으로도 활동하고 있다. 그는 왕성한 창작 활동과 문단 활동 등 노년에 전방위 문학을 하고 있다. 나이와 상관없이 지속적으로 불타고 있는 문학에 대한 열정은 때로는 숭고해 보이기까지 한 모습이다.
 그의 작품을 읽어본 분은 아시겠지만 글들이 일정한 품격을 갖추고 있다는 것을 동의 할 줄로 안다. 글 곳곳에서 고상한 성품과 순수한 의지를 만났을 것이다. 아직 읽지 않은 분은 곧 만나게 될 것이다. 그래서 나는 지금 발문이란 이름으로 여기에 그분에 대한 나의 소감을 쓰는 것이 기쁘고 즐겁다.

내가 정국대 시인을 만난 것은 2010년대 초반쯤이었다. 부산문인협회 사무국장 임기를 마치고 좀 여유가 생기는 시간을 틈타 수영구문화원에서 수필 강좌에 참여하면서부터다. 처음 그를 만났을 때 정성스레 빗어 내린 은발 머리카락과 정갈하게 차려입은 옷매무새, 상대를 바라보는 은근한 눈빛과 부드러운 웃음이 인상적이었다. 옆자리에 앉은 인연으로 수필 공부를 같이하면서 어쩌다 멘토 역할을 맡게 되었다.

정국대 작가는 나의 권유와 주선으로 2012년 계간 《문예시대》 수필 부문 신인상으로 등단하였다. 그 후 서구문화원에서 시 창작과정을 수료하고, 2015년 계간 《문예시대》에서 시인으로 등단하였다.

2018년 시집 『철든 여자』를 발간하였으며 이번에 두 번째로 『바다는 늙지 않는다』라는 제2시집을 간행한다. 지금은 내가 회장을 맡고 있는 부산문학인아카데미 수필 창작반에서 열성적으로 공부하고 있어 타의 귀감이 되고 있다. 수상으로는 2013년 사회복지법인 청전 「제4회 세대공감 문예

한마당공모전」 대상에 뽑혀 부산시장상을, 2015년 부산서구문화원 「제3회 전국시낭송대회」 우수상, 2016년 부산시 주최 「출산장려 편지쓰기대회」 금상으로 부산문인협회 회장상을 수상하였고, 금년 계간 《문심》 수필 작품상과 《수영문예》에 게재한 수필 「비 내리는 날의 수영사직공원」이 특별작품상에 선정되기도 했다.

  정국대 시인의 제2시집 「바다는 늙지 않는다」는 95편으로 제1부 16편은 하늘나라로 떠난 남편을 그리는 마음을 담고 있다. 제2부 16편 삶의 의미를 새기는 소소한 일상의 단면을 제3부 23편은 꽃과 나무, 새와 자연 속에서 만나는 따스한 사랑의 마음을 제4부 19편은 계절과 절기를 따라 인생을 이야기 하면서 세월의 의미를 새기고 있다. 마지막 제5부 21편에서는 지금 그가 살고 있는 수영에서 만난 자연과 코로나19 시대 풍경. 믿고 있는 종교에서 만난 사건과 지혜를 나누고 있다.

  외딴섬에 혼자인 듯한 적막한 밤
  통증은 지칠 줄 모르는데
  밤은 머리맡에서 맴돌고
  새벽 멀기만 합니다

핸드폰 가족 단톡방에
당신이 남긴 마지막 문자를 읽어 봅니다

'우리는 한 가족
모두 잘 살아와 주어서 고맙다
새로운 사랑과 희망을 전하며
사랑한다'

문자를 보낸 시간은
고열에 시달리다 잠시 열이 내린
자정이 지날 무렵

오열로 활자는 흐려져도
핸드폰을 당신인 듯
가슴에 품어봅니다

-「마지막 문자」전문 -

하늘나라로 떠난 남편에 대한 그리움은 지극한 사랑이 아니고서는 망각 속으로 떠나보내기 쉽다. 현실에서 고인을 마음에 두고 살아간다는 건 고통이기 때문이다. 그 고통을 사랑으로 풀어내고 사랑을 예술로 승화 시키면서 시에 대한 열정이 그치지 않는가보다. 그렇다. 사랑의 힘을 느끼는 일은 행복한 순간이다. 그리움이 없는 사람이 어찌 하늘을 우러르며, 사무침이 없는 사람이 어찌 시를 쓸 수 있으랴.

  '그래도'란 섬을 잇는 다리가 있어
  늘 우리 관계가 좋아지고 이어진다
  '그래도' 이전 상황에 분노하고
  때론 단절하려다가도
  '그래도' 그럴 수가 없지 하면서
  이해와 포옹으로 돌아선다
  상한선은 언제나 '그래도'다

  '그래도'는
  너와 나
  우리와 너희를 이어주는
  없어서 안 될 사랑의 섬다리

 - 「그래도」 전문 -

이 시에는 삶의 의미를 새기는 소소한 일상 단면을 볼 수 있다. 사람에게 늘 보존돼 있는 온도는 36~37이다. 몸 온도는 36~37도이지만 마음의 온도 즉 표준은 이웃을 사랑하는 일이다. 체온이 변하면 고통이 오는 것처럼 우리 마음에 이웃 사랑이 변하면 고통, 멸시, 죄악이 들어온다. 정국대 시는 투쟁 양식이 아닌 화해의 양식을 지향한다. 이는 독자들 부담을 최소화 하게 된다.

오랜만에 만난 지인/ 반가운 마음에 손 내밀었더니/ 웃으며 주먹 내민다/ 아차! 깜박했네//

주먹과 주먹이/ 정답게 인사하고/ 따뜻한 마음 오고 간다//

주먹은 치고 박고가 아니라/ 마음과 사랑 주고 받는/ 새로운 역할 담당하려고/ 다시 태어난 아름다운 주먹

- 「인사하는 주먹」 전문 -

차양막에 방석까지/ 멋지게 개조한 유모차에/ 옷이며 신발까지/ 한껏 멋 낸 견공 태우고/ 자랑스레 밀고 가는 아가씨/ 견공 자가용 기사다//

개 팔자 상팔자란/ 옛말/ 하나도 그른 말 아니다

- 「상팔자」 전문 -

우리가 일생을 살아가노라면 고달프고 답답하고 스트레스를 많이 받는다. 그렇지만 가끔씩 웃을 일이 있어서 그런대로 삶의 윤활유 역할을 해주기도 한다. 그러므로 유머는 많은 인간관계에서 갈등을 해소하고 여유를 주어 정신건강에도 좋다. 또 사태를 푸는 실마리가 될 뿐만 아니라 자신의 존재를 확인시켜주는 기회가 되기도 한다.

정국대 작품에서는 세태를 반영한 이런 유머스러운 시를 만날 수 있는 기쁨이 있다.

밖에서 친구와 놀다 넘어져/ 무릎에 피가 조금 난/ 서럽게 울면서 제일 먼저/ 엄마 품을 찾지 않던가요//

밖에서 힘들었던 하루 봉헌하고/ 내일을 맡겨드릴/ 어머니 성모님이 계시니/ 얼마나 마음 든든한지요

- 「놀다 넘어진 아이처럼」 전문 -

온몸 가시 속에/ 저리도 고운 꽃잎 품었을 줄/ 아, 놀라워라/ 아침 햇살 속에 벙그는 환희의 몸짓/ 이미 하느님께서 마련하신 일이었다

– 「선인장 꽃피다」 전문 –

눈으로 주고받는 평화의 인사/ "평화를 빕니다"/ 짧은 인사 속에/ 걱정하고 사랑하는 마음/ 가득 담아/ 축복과 평화를 비는 진심/ 눈이 가만 웃고 있네요

– 「눈웃음」 전문 –

1980년 3월 프랑스 파리의 부르세 병원에 한 세기를 떠들썩하게 하던 매우 존경받는 한 지성인이 폐수종으로 입원을 했다. 그는 한 달 동안 이 병원에서 죽음에 대한 공포로 소리 지르고 고함을 치고 절규했다. 그가 바로 이 한 세기에 가장 커다란 발자취를 남겼던 실존주의 철학자 사르트르(1905~1960)이다.

그가 세상을 떠나고 난 후에 프랑스 언론들이 떠들기 시작했다. '사르트르가 왜 그렇게 죽어야 했는가. 죽음으로부터 자유를 외쳤던 그의 말로가 비참했는가.' 하는 의문을 제기했다.

그때 어느 독자가 신문사에 투고를 해서 다음과 같은 기사가 실렸다고 한다.

"사르트르의 말로가 그렇게도 비참했던 이유는

사르트르에게 돌아갈 마음의 고향이 없었기 때문입니다." 인간이 타 동물과 다른 점은 종교가 있다는 것이다. 인생의 내용에는 종교가 포함되어 있다. 단지 어떤 종교를 갖느냐 하는 것은 개인의 자유의사에 달려있다. 종교적인 믿음이 있는 신앙인에게는 돌아갈 고향이 준비되어 있어 용기를 얻고 절망하지 않는다. 정국대 시에서는 이런 신앙시를 만날 수 있어 위로가 된다.

이불장 문을 열 때마다/ 삐거덕거리며 소리 낸다/아프다는 비명 같기도 하고/ 유행 지난 낡은 이불이 지르는/ 애처로운 함성 같기도 하다//

문을 열어보면/ 숱한 사연들이 고개를 든다//

세월의 무게에 짓눌린/차마 버리지 못한 이불이/ 저마다 사연 안고 얌전히 개켜져 있다//

깊은 속내 감추어두고/ 남은 세월 함께 하자고/ 가만히 쓰다듬어 본다

- 「이불장」 전문 -

배추가 여러 번 죽고서/ 항아리에서 보낸 세월 머금고/ 감칠 맛 깊은 맛내며 익어간다//

세월의 깊이만큼/ 맛도 깊어져/ 이제는 갈비에게도/ 은근 슬쩍 앞자리 내어 주고/ 묵은지 갈비찜으로 불리길 마다 않는다//

어떤 재료와도 어울려/ 새로운 맛을 내면서/ 푸욱 익을수록/ 깊은 맛을 내는 묵은지 같이/ 남은 인생 살아가야겠다

- 「묵은지」 전문 -

이 시는 어쩔 수 없는 노년기 정서가 노출되는 경우이다. 시에는 나이를 초월해야 하는데 현재적 삶의 모습을 보여주고자 할 때 어쩔 수 없이 드러나는 모습이 아닐까 여겨진다. '시는 미래에 있을 법한 일을 느낌으로 적어 내는 것'이라고 했다. 바쁘게 살아온 지난날들에 대한 반성과 함께 새로운 다짐을 스스로에 던지고 있다. 이젠 깊어질 대로 깊어진 정국대 시인의 황혼녘을 만날 수 있는 행운을 기대해 본다.

바이러스가 훔쳐간 봄/ 두렵고 우울한 날/ 그래도 햇살은 맑고 환하다/ 바람은 조팝나무 꽃향기 실어 나르고/ 라일락 꽃색도 여전하다

- 「그래도 봄이다」 일부 -

갈대 속에 피어난/ 한 송이 붉은 코스모스/ 유난히 고운 모습이 눈물 겨워/ 혼자로도 외롭지 않도록/ 노을이 한참 머물다 간다

- 「주남저수지 코스모스」 일부 -

오늘도 내일도/ 언제나 그 자리에서 기다리는/ 느티나무와 의자 하나/ 변함없는 넉넉함에 사랑 배운다

- 「느티나무와 의자」 일부 -

알곡 거두어들인 들녘에서/ 사랑과 배려도 한 아름 안고와/ 찬바람 불어올 때/아랫목에 따뜻하게 풀어 놓고/ 모두가 사랑 가득한/ 따뜻한 겨울이기를 소망한다

- 「가을 들녘」 일부 -

 정 시인이 표출해 낸 시에는 먼 곳에 있는 아름다운 시어를 가져 온 것이 아니라 일상의 삶속에서 주고받는 방식 그대로를 시어로 차용하고 있다. 독자가 시를 외면하는 이유는 생활을 외면해

버리고 지나친 형이상학의 길로 들어선 시의 난해성과도 관련이 있다. 그런 면에서 볼 때 독자의 기대지평과 공동의 감정을 공유한 시적 접근은 효과적이다. 그의 시에는 현란한 수사가 없다. 미래파 자유시에서 횡행하는 이른 바 비틀어진 문장을 교묘한 표현을 이끌어 내지도 않는다. 현실 감각을 유지한 채 정직한 표현으로 의미를 드러낸다. 그러므로 정국대 시는 쉽고 편안함을 느끼게 된다.

   제2시집 출간을 계기로 좀 더 치열하게 시의 영역을 넓히고 시 세계를 깊이 있게 천착해 볼 것을 당부 드린다.

바다는 늙지 않는다

정국대 제2시집

인쇄일 2021년 11월 15일
발행일 2021년 11월 20일

지은이 **정국대**

펴낸이 **김종대**
펴낸곳 예인문화사
등록번호 제2017-000008호 (2017.5.4.)
 부산광역시 수영구 망미로 22번길 49 (망미동) 301호
 T. 051) 751-8575 / F. 051) 752-2357
 M. 010-3845-8599 / E. gaserol@hanmail.net

값 10,000원

ISBN 979-11-92010-03-8 (03810)

* 잘못된 책은 바꾸어 드립니다.
* 저자와 협의하여 인지는 생략합니다.
* 본 도서는 한국예술인복지재단에서 2021년 창작준비금지원사업-창작디딤돌 지원을 받아 발간하였습니다.